Gabriele Nutz, 58, schreibt seit vielen Jahren, vor allem Lyrik. Ihr erster Gedichtband „Fiel mir deine Seele ins Herz" erschien 1999.

Gabriele Nutz

Kuss an das Leben

Gedichte

www.tredition.de

© 2017 Gabriele Nutz

Verlag und Druck:
tredition GmbH, Halenreie 42, 22359 Hamburg

ISBN
Paperback: 978-3-7345-6817-2
Hardcover: 978-3-7345-6818-9
E-Book: 978-3-7345-6819-6

Druck in Deutschland und weiteren Ländern

Bibliografische Information der Deutschen Nationalbibliothek: Die Deutsche Nationalbibliothek verzeichnet diese Publikation in der Deutschen Nationalbibliografie; detaillierte bibliografische Daten sind im Internet über http://dnb.d-nb.de abrufbar

Inhalt

sein

dieser mensch
der ich bin
ganz sein

ich esse staub
ich trinke
himmelsluft

fang mit dem
rosenblütennetz
mich ein

ich bin teil
des sommers
sein duft

alles schöne

alles schöne
habe ich schon erlebt

ich habe dich
zur zuflucht erhoben

ich habe dich
in eine andere form
mensch gelegt

du bist die grenze
und ihre überschreitung

du bist die ferne
und ihr näherrücken

ursuppe

der winterhimmel
wölbt sich rahmenlos
und düster über meinen
leergeweinten augen

risse er auf
rot würde
die himmelswunde leuchten
ich sähe in mein herz

es gibt viele arten
allein zu sein
aber keine
es nicht zu sein

sternensuche

Wo Sterne auf die Erde fallen
dorthin
wollte ich gehen
und ich glaubte
daß ich vorwärts schritt

Kalt wurde die Erde
in der Nacht
ich bewegte mich
damit ich nicht starb

Die Sterne fand ich nicht
ein Kreis aus Stille
wuchs um mich
ein größerer noch
aus vernarbter Vergangenheit
von derem Schrei ich wußte
aber ich hörte ihn nicht mehr

Ach –
Sterne
verglühte Sterne

wenn euer Licht mich erreicht
ist es kalt
ich erwärme mich nicht
nirgends

Mein Herz zünde ich an
es soll nicht verbrennen
es soll mein Feuer sein
um zu leben

leben
wozu –

um dich selbst
in Fesseln zu sehen

mit Trauer bin ich abgefüllt
bis an den Rand
die Seele
ist im Nirgendwo
sie will sich nicht entblößen

Nur nebelhafte Zeichen
sie schnüren dir das Herz
und mir den Atem ab
und sprechen kann ich nicht

ich wende mein Gesicht

zorn
über schlagend
ist
der alte essig
zustand
verfüttert
die ganzen sprech
spiele

unerhörtes
weggeworfen
gehe ich nicht
auf der glücksspur
verklebte
wirklichkeiten ziehen
eine quälende schmerz
linie
durch worte
dieses schöne
grauenvolle
ungefühl
fürs dasein

und die
verwaschene mißachtung der
wand durch
die ich gehen könnte
oder
durch die offene tür

von freiheit
keinen begriff

Brautkrone

wenn ich die Kammer aufsperre
strömt mir Blut entgegen

lieber trage ich also
mein Haus auf dem Kopf
meine zu sterben unter der Last
der verschlossenen Säle

das Blut ist ein Wegweiser
in schwarze Einsamkeit

leben wir so weit getrennt
daß wir uns nicht verschlingen
weil wir uns
sehend
nicht ertragen
weil die Wut
das Übrige verzehrt

so ist kein Leben
wir töten uns nicht alle
weil Lebende uns Hoffnung geben
auch das schrecklichste Gesicht
ist schöner
als die Ewigkeit
die wir nicht kennen

allein die Schmerzen
welch ein Opfergang
bis wir ausruhen dürfen
an einer Schulter
für Minuten

hinter den Augen beginnt
das Reich der Zerstörung
und der Langeweile
davor in der Enge
das sich streifende Elend

einander
sind wir nichts

schweigen im herbst

du schweigst mir ins gesicht
doch ich verstehe deine sprache nicht

das blatt das der wind hereinweht
erzählt vom totenteppich
der uns mit farben
blendet und täuscht

ist der sommer eben und ewig
sind die löcher schon gegraben

überleben

ich habe es überlebt
dass mein herz
zerrissen wurde

ich las
wie andere
von der liebe schrieben

gab es die anderen
hatten sie herzen
ich wusste es nicht

doch ich redete noch manchmal mit mir
und so erfuhr ich
dass ich lebte

es ist sommer
und still

grillen
zirpen

ich frage mich stunde um stunde
was das leben ist

nach den wolken zu sehen
auf seelen zu warten

allein in der haut
die haut der anderen

die sterne
werden mehr

die grille
beendet ihr lied

wie jemand erkennen
den es nicht gibt

sein
oder sein wollen

das macht
den unterschied

wenn es wieder nacht wird
ist jeder gedanke
auch mitten im werden
zu ende gedacht

ist jede stimme
die tausendfach
erklungen war
verschollen

goldene früchte
hängen vom himmel herab
schätze im meer
vergraben

wenn es wieder nacht wird
bleibt zwischen mir
und meinen träumen
eine spur

zwischen der einsamkeit
meiner mutter

und der sprachlosigkeit
meines vaters

wuchs ich auf
beides bettete ich

in mir
zur unruhe

tod und leben

über die toten
rauschen die tage
sie mahlen zu sand den stein

wir leben
wir wühlen in köpfen und werden
verschüttet vom sein

wir graben und graben
licht fällt durch ritzen
herein

herbstlied II

der herbst
fährt seine krallen aus
holt sich mein letztes lachen
das vom sommer kam

gram sind wir ihm
um seine grauen schwaden
den scharfen wind
den schnurgeraden weg zur dunkelheit

zum winter laufen
seine schönen farben aus
seine hände biegen sich
den trost des lichtes zu erwürgen

bald duckt sich alles
schwärzt sich ein
versteckt sich, wärmt sich
will geborgen sein

flüchtig

du hast mich geträumt
doch ich gehöre
dir nicht

neue bienenvölker
sammeln sich in der seele
sie fliegen aus

von ihrem fleiß
bleibt mir die müdigkeit
von ihrer fülle staubtropfen

wer ich bin

das brummen
dunklen wahns
verstummen
eines plans

umrunden
des gefühls
zerhacken
des gestühls

des ortes
ohne sinn
des wortes
wer ich bin

dieser tag

dieser tag lässt mich wieder
über den abhang schlittern
auf die scharfe kante zu

dieser tag hat sonne und wolken
und die vögel bauen nester
und um mein wachen und schlafen

baute das schicksal seine mauern
ich nehme die axt
und marschiere

neigungen

auf ein paar
sprechende

bin ich angewiesen
menschen

die mir andeuten
wer ich

sein
könnte

es müssen
keine worte sein

nur eine form des daseins
die mich glauben lässt

dass es mich
gibt

weiß wie ich bin sieht mich niemand

im schnee eins geworden
auf den weißen höhen
mit ihm gefallen

alles blut
floß in die rötlichen felsen

ich fürcht mich
vor den schatten
die das licht

der wirklichkeit
der anderen
auf mich wirft

mein eigener schatten
verdunkelt
mich genug

in der welt

ich wollte nicht
in diese welt.
sie hat sich mir
nicht vorgestellt

und mich gefragt:
ist's dir genehm?
sieh nur, wie bin ich
groß und schön!

die welt, von der
ich mich umgeben fand,
war klein und hatte
einen harten rand

an dem ich mir
den schädel blutig schlug.
das tat ich lang und lange
war es nicht genug.

ich wollte nicht
aus dieser welt heraus.
doch endlich
trieb es mich hinaus.

so wuchs sie,
meine weltensicht
und, ach –
sie tröstete mich nicht!

bis ich entdeckte
daß die welt
ein spiegel ist,
der sich an meinem antlitz mißt.

ich sah hinein und lachte
unter tränen,
verband mich fest
mit meinem tiefen sehnen.

Gib mir, mein Gott
eine Liebe
die meinen Schmerz
zurückwirft in riesigen Schatten
die mich in eine Form zwingt
die mir ähnlich ist

Ach --
ich kann nicht lieben
doch das Kind
das mit roten Backen
in sein Spiel vertieft ist
liebe ich schon

Sind es Menschen
die mir so golden erscheinen?
es sind Elfenköniginnen
Waldfeen
Rosengeister

Als letzte Biene des Sommers
hänge ich müde am Grashalm
und warte auf den Fuß
der mich zertritt

Ich reihe mich ein
in die Ameisen
oder rechne mich
zu den Hummern
die lebendig gekocht werden

vor langer zeit war einmal
eine blume die mir aug in auge
gegenüberstand

ihr goldenes blatt war der anfang der welt
ihr duft war ich selbst

sie starb nicht als ich sie pflückte
weil es den tod noch nicht gab
nur ein immerwährendes leben

so träumte ich anfang und ende
einer welt ohne zweifel

liebe (l)

ein geheimnisvolles zelt
das sich wandelt
von einem lauten zirkusort

in eine heimstatt
für die nacht
und die farben der wüste

ein schmerz
über den sich die wunde schloß
die im innern sich doch nicht schließt

ein klang
aus eines anderen
menschen herz

an der u-bahn

ich atme dich
aus allen poren aus
du schwebst
zu den rosen

dein haar fliegt
zur linde
der wind treibt
dein lachen auseinander

deine lippen zerstreuen sich
zwischen den weinranken
deine augen
irrlichtern

noch eine zeitlang
in den zweigen
bis die dämmerung
sie verweht

dämmerung

regen
der auf graues pflaster
rieselt

nacht
erweitert sich
zum schwarzen nichts

tag
komm zurück
so oft du kannst

mit deiner
tages
wehmut

ist es das
was wir leben nennen
haut

ein lachen
das die tränen
verbrennt

jahraus, jahrein
verdeckt mein federkleid den schrei
die aschenflügel flattern

sie regnen außer sich
den schmerz aus blei
in violette wunden

als ich den dolch erfand
so drum dass er mich töte
die armbrust auch

die ruhe nah dem licht
mir ist kein heimatland
im feuer endet mein gesicht

schon früher entstand in der schwärze das licht
das die roheit und das geschrei
verstummen ließ

ich wußte nicht was das war
dieser weinende mensch der ich war
der mich immer umklammert hielt
dessen angst ich nicht liebte

so fiel ich in farben
verfiel auf den gedanken
ebenso lächelnd wie die anderen zu fliehen

jahresende

das jahr verlässt mich
ohne regung
kalender
kennen keinen schmerz

mein roter faden
ist in bewegung
er bleibt mir unsichtbar
jedoch mein herz

weiß alles
sein rotes blut
färbt meinen faden ein
ich brauche großen mut

ich bin allein

lied

als ich in anderen welten war
schien mir ein strahlenkranz aufs haar
der leuchtete mein leben aus
und golden wurde herz und haus

ich durfte dort nicht bleiben
man ließ mich draus vertreiben
auf steinen muß ich weiter gehen
darf mich nach dir zurück nicht drehen

du schöne welt, du zauberland
ich lag in deiner sanften hand
der wind blies mich zu erde
auf dass ich wieder irdisch werde

ich fürchte mich
nun auch nicht mehr
in meinem kleinen leben

ich bin der spatz
in meiner hand
und du die taube

ich bin das
woran ich glaube
der himmel in der vogeltränke

alter

wann sich der blutstropfen verwandelt
wem die liebe
zu gedacht

das ist unbeschlossen
das sind wunder
des werdens

zuvor
die wundersame
schmerzvermehrung

schwerer traum

teig und asche
vergangenheit
bäckt daraus ein brot

aus verbrannten augenblicken
mühsam gewalzt
fällt es doch zu boden und zerbricht

immer roh geblieben
stoff aus vergangener glut
vermoderten anleitungen
wie zu leben sei

schlaf und schweigen
ist eine antwort
doch ein unmöglicher ort
um wach zu bleiben

nach innen

hier im Dunkel des Lichts
sind wir vereint
hier im Dunkel
sonnen sich grüne Eidechsen
Schafgarbenduft betäubt uns
hier: stehe still

nach innen flüchten
im Dunkel
nach einer Antwort suchen
noch unterhalb
der Quelle des Vulkans
nach Sternen graben

am brunnen

ich liebte alles
was aus stein war
in stein
versank man nicht

zerbrochener schiefer
blaugefroren
vom himmel
gefallener himmel

in menschen
in ihren unbewegten ozeanen
ertranken
meine tränen

hoffnung

ich sah nicht die glitzernden blätter der pappel
sich wiegen im wind
nicht das nest der elstern
ich wusste nichts
von glück
in jenen glücklichen sommern

ich lief barfuß
schwebte immer
golden
neben der sonne her

ich kannte auch nicht das meer
doch noch heute
noch diesen sommer
lecke ich das salz von meinen armen
das mir das meer hinterließ

liebe nennen wir sie
die schwalbe
in der seele
und das licht in ihren augen
weist uns den weg aus dunkelster erde

vorfrühling II

wen bitte ich, mir die schuhe zu binden
um nicht barfuss und müde
zu stürzen auf nachtdunklem weg?

wer stellt mich
bei tage ins viereck, setzt mich ins boot
trägt mich an land am abend?

wer rettet mich über die drohende nacht
sieht mir ins vogelauge, ins schimmernde
von wachsender liebe entfacht?

reise

überzählige hyade
tränenstern
von teleskopen
unentdeckt

ins schwarze loch gesogen
zu anthrazitem raum verbogen
nach salzigem regen
im lehm versteckt

intraktabel
unakzeptabel
nur von mysterien
ins hier geweckt

vor einer mondfinsternis

mein gesicht an felsen legen
droben, neben
krähen und halmen

war nie ein halt
in unbändiger liebe
und wenn, ich wusste es nicht

das fremde und nahe
was wir menschen heißen
fiel durch meine löchrigen taschen

öffne ihn wieder
den lieblichen schrein
spann dich wieder zum bogen

was stein war
wird holz
wird keim

beginne wieder
mit einem kuß
an das leben

geburt

membran von traumtönen
dach des universums

haut

aus ihr gerollt schwebe ich
zu füßen der welt

bis es tag wird in der anderen welt
bin ich in nächten und tagen
von dieser erhellt

träume
eingehüllt in lindenblütenluft
einem blick nach einer stimme einem duft

man vertraute mir mein ganzes leben an
so tue ich zu meinem glück
was ich nur kann

chanson de l'automne I

blau leuchtet es aus meiner brust
mich traf - geheim genährt
das süsse schwert
der himmelblauen lebenslust

die ahornblätter sterben
tot wehen sie ins nichts
die malven färben dunkelrot
das tuch auf dem altar des lichts

hast du mich, sonnenglut
umarmt - oder musik
wurde ich welt, ward sich erbarmt
weil du, o welt, mir gut?

(aus: appell an die lebenden)

es gibt kein anderes leben
als dieses
wo wir im winter
unseren atem sehen

im sommer sind wir dann wie mohn
mit unserer roten haut
wir leben einfach
manchmal geht es schon

leere des herzens

es ist keine kälte
es ist eine tiefe
verlassenheit
des eigenen herzens

die dich dazu bringt
in kein anderes
herz zu sehen
in keine andere seele

ich suche weiter
meinen schmerz auf
der mich unvermutet
überfällt

immer zu unrechter zeit
ich will ihm endlich
namen geben
damit ich ihn erkenne

so schrieb ich schon immer
schrieb auf traumzettel
die ich an menschen heftete

schrieb
mit den händen in den blauen himmel

beschrieb mit zorn meine trauer
mit angst
meine sehnsucht

im kreise

ich bin so
mittendrin
und außerhalb

gleich mit
zwei köpfen
einem kalb

das lebt
als wunder
tier und leidet

einsam
zu zweit
es weidet

inmitten
und doch weit
von andern

es muss im
kreise weiter
wandern

Egal
(Lied oder Rap)

es ist egal
was du tust
es ist egal
wer du bist
es ist eh
alles wust
es ist eh
alles mist

es ist egal
wie du schaust
es ist egal
wie du gehst
du hast nichts
in der faust
du hältst nichts
für dich fest

es ist egal
wen du liebst
oder wen
du aussiebst
du wirst sehn

wer dir bleibt
ob bemannt
ob beweibt
es ist egal

-------Instrumentales Zwischenspiel----------

es ist egal
ob heute heut ist
oder morgen gestern oder morgen

du bist er und sie und wir und alle niemand
du bist staub und hauch und unsichtbare
energie
du bist ein tier ein tisch ein blatt ein schwert
aus eisen

du bist da gewesen
oder nie

es ist egal...

dunkler frühling

bist du gestorben
mein leben ?

ich träufle tau
auf deine lippen
den der vogel trinkt

das ist mein kuß
dunkler frühling

verlassenheit
und stille bleibt
mir einverleibt
so bin ich
ungefährdet

nach allen sonst
greife ich
vergeblich
so lieblich es sich
auch gebärdet

es treibt mich um
mein herz
zerfasert
blättert ab
ich halt es nicht

komm fang mich
schweigen
einsamkeit
ehe es auseinander
bricht

Sonett nr. 9 (Liebe III)

Es ist schon der Anflug von Abenddämmer
in uns, streng mit dem Blick der Wirklichkeit
betrachtet. Das hellgrüne Frühlingskleid
ziert uns lange nicht mehr. Wir, einstens Lämmer

Jetzt oftmals geschorene Schafe. Hämmer
trafen unserer Häupter. Was uns Leid
war, wurde schwächer; doch auch stärker, seit
wir erkannten, daß wir für immer Lämmer

Bleiben müssen, wenn das Herz überleben
soll die Zeit der wahrhaften Grausamkeit
die Leben heißt. Von Angst zu Eitelkeit

Schwankend hin und her. Unwichtig daneben
ist die Liebe nicht. Sie, einzig und wahr
kann wandeln uns in Gold das graue Haar

als ich im mai so auf der strasse ging
und meinen schatten vor mir gehen sah
das war sie plötzlich wieder da
die starke hand, die mich nach oben zog
so dass ich eine zeitlang über den häusern flog

der wirbel setzte mich zu boden ohne kerbe
dort sah ich licht und eine grüne scherbe
mein schatten blieb, nun war er hinter mir
er nahm die trauer mit und auch die gier
und übrig blieb das licht

das bauen und verfallen, der schrei, der staub
die schrauben im metall, die andern, rauchend
das was vor grüne birst, wird welkes laub
und wird das schweigen, was nun fauchend
lebendig ist und ohne zeit

formloses leben

das leben ist nicht so in form
wie uns vom zeitgeist
vorgeschrieben

es ist zerfranst und roh
wie eh und je
geblieben

man sieht das fleisch
unter gut aufgelegten
glasuren

man sieht den tod
unter altrosigen
konturen

es fließt auseinander
in sandige rinnen
und wer noch lebt

will das leben gewinnen
nur ist es kein preis
und auch keine belohnung

wir haben nichts
außer der haut
als wohnung

wieder ein frühling

heller wird es jeden tag
ganz egal was kommen mag
dem frühling ist das ganz egal
er kommt das ein und andere mal
mit seinem strahlen seiner pracht
und wendet um die düstre nacht

selbst hinter seinen regentropfen
beginnt das herz des lichts zu klopfen
die winde treibens in die welt
das helle, das die seelen hellt
o bleibe bei mir rette mich
umsonst bitte ich frühling dich

so wie du kamst wirst du auch gehen
und bitten hilft nicht und kein flehen
auch in der allerschönsten zeit
ist jene unerbittlichkeit
des schwindens und des sterbens
besiegt die kraft des werbens

die schonung will, unendlichkeit
das stillestehen aller zeit
für ewig schön, für ewig heil
davon will ich den ganzen teil
in stein und blume gehe ich ein
für immer werde ich bei euch sein

∞

Zeitfracht Medien GmbH
Ferdinand-Jühlke-Straße 7
99095 Erfurt, Deutschland
produktsicherheit@kolibri360.de